zur Freude, zur Verwundern

22.9.

Wormser

Die wundersame Welt der Arbeit

von Oswald Huber

Die Geschichte von Wormser
wurde nacherzählt von Harald Henzler

Die Deutsche Bibliothek – CIP-Einheitsaufnahme

Huber, Oswald
Wormser – Die wundersame Welt der Arbeit / Oswald Huber. – Planegg : STS-Verl., 1999
(STS-Taschenguide)
ISBN 3-86027-259-4

ISBN 3-86027-259-4
Bestell-Nr. 00852

Postanschrift: Postfach 13 63, 82142 Planegg
Hausanschrift: Fraunhoferstraße 5, 82152 Planegg
Fon (0 89) 8 95 17-2 00, Fax (0 89) 8 95 17-2 50
E-Mail: online@haufe.de, Internet: http://haufe.de

Satz & Layout: J. P. Himmer GmbH & Co. KG
Umschlaggestaltung: Agentur Buttgereit & Heidenreich, 45721 Haltern am See
Cartoons: Oswald Huber/Baaske Cartoons München
Druck: J. P. Himmer GmbH & Co. KG, 86167 Augsburg

Wir meinen, unsere Perspektiven sind hervorragend.
Jürgen E. Schrempp

Klingt nach einer Heidenarbeit.
Dilbert

*Als Wormser an diesem Morgen erwacht, begibt es sich,
dass er seinen Kühlschrank leer vorfindet
und auch alle sonstigen Vorräte aufgebraucht sind.
Somit beschließt er,
einen Teil seiner Zeit der Allgemeinheit gegen Bezahlung zur Verfügung zu stellen.
Da er ohnehin vorhatte sich sinnvollen Tätigkeiten des Lebens hinzugeben,
sucht er einen erfüllenden Beruf.
Die Bedingungen sind zwar nicht ideal, die Aussichten jedoch um so rosiger.*

SIE HABEN JA RECHT, DAS GEHALT IST NICHT HOCH, ABER DAFÜR KÖNNEN SIE VON IHREM BÜROFENSTER AUS DEN SONNENUNTERGANG SEHEN!
OH
W.B.

*Zudem erhält er durch sein adrettes,
freundliches und einfühlsames Auftreten
kostenlos noch eine Reihe
guter Ratschläge mit auf den Weg.*

SIE SCHEINEN JA EIN RECHT INTELLIGENTER JUNGER MANN ZU SEIN - IN DER ERSTEN ZEIT SOLLTEN SIE SICH DAS ABER NICHT ANMERKEN LASSEN!
OH

„Wir sind alle eine Familie",
lautet eine der Leitlinien der Firma.
Zunächst gewöhnungsbedürftig für Wormser ist die Interpretation,
aber schließlich ist eine Leitlinie dazu da
der Verzettelung und dem Wildwuchs Einhalt zu gebieten.

?
OH
ES IST DIE FAMILIE
UNSERES CHEFS !

Bald erkennt er, dass er noch viel lernen muss,
um sich als würdiges Mitglied erweisen zu können.
Nicht alles, was ihm aufgetragen wird, vermag er gleich zu verstehen.
Der Regeln gibt es auch so viele, weil jeder etwas anderes sagt.
Und nicht immer findet sich ein gütiger Chef,
der sich die Mühe macht ihm alles zu erläutern.
So macht sich Wormser auf,
die goldenen Regeln im Unternehmen zu erkunden.
Und er glaubt diese auch bald gefunden zu haben.

WIR HABEN HIER EINE GANZ EINFACHE REGEL: WENN SIE EINEN FEHLER MACHEN, HABEN NATÜRLICH SIE DIE KONSEQUENZEN ZU TRAGEN. WENN ICH EINEN FEHLER MACHEN SOLLTE, HABEN NATÜRLICH AUCH SIE DIE KONSEQUENZEN ZU TRAGEN!
OH
WB.

Die goldene Regel Nr. 1 heißt:
Lernen am konkreten Fall.
Denn schließlich hat das Management in den USA studiert,
wo dem Lernen durch Fallbeispiele („case studies“)
besonders viel Bedeutung beigemessen wird.
Bekanntermaßen lernt man durch Fehler am meisten
und der Kluge vermag es sogar
sich durch die Fehler der anderen zu bilden.

ICH BIN FROH,
DASS SIE FEHLER MACHEN,
DENN ICH LIEBE ES,
ZU KRITISIEREN!
OH
WB.

Die goldene Regel Nr. 2 heißt:
„Job rotation" lautet die Losung auf Managemenglisch.
Dadurch erhält jeder Mitarbeiter dieselben Möglichkeiten und Aufstiegschancen,
jeder kann einmal im Rampenlicht stehen.

FRÄULEIN BERGER, WER IST DIESE WOCHE ALS SÜNDENBOCK EINGETEILT ?
W.B.
OH

Die goldene Regel Nr. 3 heißt:
Dinge, die du selber erledigen kannst,
sollst du auch selber in die Hand nehmen.
Im Beruf muss man sich zu seinen Vorhaben verpflichten –
oder besser auf Managemenglisch gesagt „comitten".
Nur dann bleiben die Vorhaben beim Mitarbeiter haften.
Dies darf Wormser am eigenen Leib schmerzhaft erfahren.

KEINE ANRUFE FÜR DIE NÄCHSTEN ZWEI STUNDEN – ICH MUSS DEN WORMSER HERUNTERPUTZEN!
OH
WB.

Die goldene Regel Nr. 4 heißt:
Das Berufsleben verlangt sichtbare Taten.
Wenig Sinn macht es auf Entwicklungen zu warten.
Man muss ihnen vorgreifen können,
der Erste sein und damit die Gesetze vorgeben.
Zudem ist es entscheidend,
dass allen die Veränderungen zum Besseren sichtbar werden.

UND NUN ZUM PUNKT 3 DER TAGESORDNUNG:
RATIONALISIERUNGSMASSNAHMEN
OH
WB.

Die goldene Regel Nr. 5 heißt:
Ruhe bewahren. Hektik führt zu Fehlern.
Kläre erst die Ziele, setze den Zeitrahmen,
überprüfe die Ressourcen und vor allem:
lass die Spezialisten machen.
Was andere besser können, sollen auch andere erledigen dürfen.

WENN MEINE SEKRETÄRIN MIT DEN UNTERLAGEN ZU IHNEN KOMMT, SAGEN SIE IHR DOCH BITTE, SIE SOLL DIE FEUERWEHR RUFEN, IN MEINEM BÜRO BRENNT ES!
OH

Die goldene Regel Nr. 6 heißt:
Lass dich als Führungskraft
nicht in die Isolation treiben durch zu große Abhängigkeit.
Der Fall Felix M. gilt allen als warnendes Beispiel:
Unfähig, ohne seine Gegensprechanlage und
Sekretärin mit der Außenwelt zu kommunizieren,
wurde er nach zwei Jahren einsam,
verwahrlost und sinnlos vor sich hinbrabbelnd
in seinem Chefbüro aufgefunden.
Kenner vermuten eine Intrige.

FRÄULEIN BERGER,
LASSEN SIE DIE GEGENSPRECHANLAGE
REPARIEREN, SIE IST KAPUTT !
OH

Die goldene Regel Nr. 7 heißt:
Alleine geht nichts – erst das Team bewirkt alles.
Auf dem Weg zum Gipfel hilft nur rückhaltlose Unterstützung
und die Absicherung des Führers vor dem Fall.
Mitgefangen, mitgehangen lautet das Risiko.
Dafür winkt eine großartige Aussicht auf Kleingebliebene.

HÖREN SIE ENDLICH AUF, ZU MECKERN, WORMSER, UND SEIEN SIE FROH, DASS ICH SIE ÜBERHAUPT IN MEINE SEILSCHAFT AUFGENOMMEN HABE!
OH
WB.

Die goldene Regel Nr. 8 heißt:
Kreativität – Innovation – Risikobereitschaft.
Das sind die Kennzeichen des modernen Unternehmens.
Das in Managemenglisch übliche Schlagwort
vom „change management" heißt nichts anderes,
als dass die Organisation darum bemüht ist
die Arbeit nicht zur langweiligen Ehe verkommen zu lassen.
Nur das Neue kann auf dem Markt bestehen.
Schließlich will auch der einmal verliebte Partner
immer wieder neu erobert werden.

ÜBRIGENS, BERGER,
SIE ÜBERNEHMEN AB
NÄCHSTEM MONAT
DIE WERKSKANTINE!
OH
WB.

Die goldene Regel Nr. 9 heißt:
Traue niemandem,
traue vor allem nicht dem Augenschein.
Der Erfindungsreichtum ist groß,
gilt es von eigenen Schwächen abzulenken und anderen etwas vorzuspielen.

ICH HOFFE, DAS IST NICHT WIEDER NUR EIN TRICK DER ENTWICKLUNGS-ABTEILUNG, UM VON DEN DÜRFTIGEN ERGEBNISSEN ABZULENKEN!
/OH
WB

Die goldene Regel Nr. 10 heißt:
Die Firma ist wie eine Familie.
Denn schließlich verbringt man hier mehr Zeit miteinander als sonst wo.
Anders als die bekannten Familienorganisationen aus Italien,
legt man viel Wert auf einen humanen Umgang miteinander,
der auch ein Ausscheiden eines Mitglieds ermöglicht.
Blut soll in der Firma nicht fließen.

SIE WISSEN JA: WIR ALLE HIER IN DER FIRMA SIND EINE GROSSE FAMILIE. ABER NUN HAT UNSER FAMILIENOBERHAUPT BESCHLOSSEN, **SIE** ZUR ADOPTION FREIZUGEBEN!
OH
W.B.

Die goldene Regel Nr. 11 heißt:
Sei wachsam und verlass dich nicht auf Experten.
Im Wirtschaftsleben tummeln sich viele selbst ernannte Fachleute,
deren Unfähigkeit sich erst auf den zweiten Blick erschließt –
wenn überhaupt.

NUR WEIL SIE SCHON ZWEI MAL KONKURS GEMACHT HABEN, KÖNNEN SIE NICHT BEHAUPTEN, SIE HÄTTEN ERFAHRUNG IM MANAGEMENT VON NON-PROFIT ORGANISATIONEN!
OH

Die goldene Regel Nr. 12 heißt:
Firmenleitlinien und klare Führungsgrundsätze bieten Orientierung, zeigen ein Ziel auf und geben den Mitarbeitern Halt in schwierigen Situationen.
Werden die Grundsätze häufig genug wiederholt, stellt sich der Glaube an sie ganz von selbst ein.
Beliebt sind Redewendungen wie „Unsere Mitarbeiter sind unser höchstes Gut“, „Nur höchste Qualität ist unser Ziel“ oder „Bei uns ist der Kunde König“.
Und wer dann doch meint, das Fressen komme vor der Moral, dem ist wirklich nicht mehr zu helfen.

HACKORDNUNG
1
2
3
4
5
6
7

Die goldene Regel Nr. 13 heißt:
Sportsgeist und klare Sieger sind gefragt.
Werden die Bewertungskriterien diffus,
ist nicht mehr klar zu erkennen, wer wie viel leistet.
Daher muss man die Dinge vereinfachen.
Schließlich ist es auch dem Mitarbeiter lieber,
wenn er genau weiß, wie er weiterkommt.

NUR KEINE MÜDIGKEIT VORTÄUSCHEN, MEINE HERREN: BIS 17 UHR MUSS DIE FRAGE DER ABTEILUNGSLEITUNG ENTSCHIEDEN SEIN!
OH
WB.

Die goldene Regel Nr. 14 heißt:
Motivation ist oberste Führungspflicht.
Von alleine wissen die Mitarbeiter gar nicht,
warum sie was verrichten sollen.
Das rechte Wort zur richtigen Zeit,
und schon stürmt jeder wieder wohlgemut
in die gewünschte Richtung.

ACH WORMSER,
WENN ICH SIE NICHT HÄTTE –
– DANN KÖNNTE ICH JEMAND
BESSER QUALIFIZIERTEN EINSTELLEN!
OH

Die goldene Regel Nr. 15 heißt:
KontrolleKontrolleKontrolle.
Jeder Mitarbeiter ist von Natur aus faul und
besteht zu 100 % aus fleischlichen Materialien und Bedürfnissen.
Wichtig ist, dass diese nicht die Oberhand gewinnen und
die Interessen der Firma nachhaltig im Bewusstsein verankert sind.
Regelmäßig fehlendes Klopapier,
billigstes Kantinenessen oder überfüllte Büros sind bewährte Mittel,
die daran erinnern, dass die Firma ein Ort der Arbeit ist.

ICH HOFFE NUR, MÜLLER, DASS SIE IHREN LAPTOP DABEI HABEN, UND DA DRINNEN NICHT UNTÄTIG HERUMSITZEN!
OH
WB.

Die goldene Regel Nr. 16 heißt:
Mache den Mitarbeiter zum Unternehmer.
Dadurch werden seine verborgenen Fähigkeiten geweckt und träge Raupen entpuppen sich zu kreativen Schmetterlingen. Vor allem aber können jetzt endlich gerechte Maßstäbe angelegt werden und das Preis-Leistungs-Verhältnis für Mitarbeiter stimmt.

UNSER NEUES LEISTUNGSLOHNSYSTEM BRINGT IN IHREM FALL EIN HÖCHST INTERESSANTES ERGEBNIS, HERR PUNTIG: DIE FIRMA BEKOMMT VON IHNEN FÜR DEN LETZTEN MONAT NOCH DM 102,-!
LOHN ABRECH- NUNG
OH
WB.

Die goldene Regel Nr. 17 heißt:
Feste muss man feiern wie sie fallen.
Besonders gut eignen sich hierfür Firmenjubiläen,
der Namenstag des Gründers oder der Kauf des ersten Firmenwagens.
Bei Mitarbeiterjubiläen muss man Vorsicht walten lassen,
um nicht ungebührlichen Forderungen ausgesetzt zu sein.
Durch geschickte Argumente lässt sich die genaue Datierung jedoch umgehen.

NEIN, ICH WEISS NICHT MEHR, WANN ICH SIE EINGESTELLT HABE — ICH ERINNERE MICH NICHT GERNE AN ALTE FEHLER!
OH
WB.

Die goldene Regel Nr. 18 heißt:
Auf unnötige Ausgaben soll verzichtet werden.
Der Staat hält die Hand auf, die Mitarbeiter wollen mehr Gehalt,
und Miete, Kugelschreiber sowie Mahagonitische werden teurer – da gilt es zu sparen.
Durch kluge Personalpolitik lässt sich da manches bewirken.

FIRMENPENSION ODER SO WAS IST BEI UNS KEIN THEMA – WIR TRENNEN UNS STETS RECHTZEITIG VON UNSEREN MITARBEITERN!
WB.
OH

Die goldene Regel Nr. 19 heißt:
Weiterbildung! Gerade für Führungskräfte ist es wichtig,
ihre analytischen Fähigkeiten nicht nur auf Zahlen und Strategien zu beschränken.
Genauso entscheidend ist es nämlich,
sensibel und schnell alle Strömungen im Unternehmen zu erfassen,
um rechtzeitig mögliche Gegenmaßnahmen einleiten zu können.

WENN ICH SIE RICHTIG INTERPRETIERE, MÖCHTEN SIE HEUTE EINE STUNDE FRÜHER GEHEN, FRÄULEIN BERGER!
KÖRPER SPRACHE
OH

Die goldene Regel Nr. 20 heißt:
Entscheidungen hängen vom Klima ab.
Wetterfühligkeit ist deshalb entscheidend für das Fortkommen im Unternehmen.
Man muss sich keine Wunde ins Knie schlagen,
um die Stimmungen des Chefs schneller als andere am Jucken der Narbe zu erkennen.
Es genügt oft der geschulte Blick für Krawatten und ein Gehör für Stimmlagen.

SIE HABEN GLÜCK:
GUTES WETTER HEUTE!
OH

Wormser lernt alle Regeln und beherzigt sie.
Dabei achtet er auch immer auf langjährige, beispielhafte Kollegen,
um von deren Erfahrung profitieren zu können.
Doch er muss erkennen, dass erlerntes Wissen allein nicht ausreicht.

SIE ERINNERN MICH SEHR AN MÜLLER – KURZ BEVOR ICH IHN ENTLASSEN MUSSTE!
W.B.
OH

Wormser beschließt seinen eigenen Weg zu gehen und
baut sich ein unverwechselbares Image auf,
die erste Pflicht einer zur Führung geborenen Person.
Ein Hauch von Besonderheit umwebt ihn bald,
die Einzigartigkeit des Königs.
Die eigene Handschrift wird sichtbar.
Wormser hat es geschafft.

DAS IST HERR WORMSER, ER KOMMT BIS ZU 6 STUNDEN OHNE E-MAIL AUS!
OH

*Wormser widmet sich zu 100 %
der neuen Aufgabe und geht förmlich in ihr auf.
Es gibt keine Trennung
mehr zwischen Arbeit und Leben,
Sinn und Beruf sind eins.
Wenn nicht der lästige Körper wäre,
hätte sich Wormser längst als Firmengeist verewigt.*

... UND WIE GESAGT, MACHEN SIE DER ENTWICKLUNGSABTEILUNG DAMPF. ICH WILL ENDLICH RESULTATE SEHEN. UND BESTELLEN SIE DR. MÜLLER, ICH WILL DEN VERTRAGSENTWURF AUF DEM TISCH HABEN, MIT ALLEN ÄNDERUNGEN, UND HUNDERT-PROZENTIG WASSERDICHT. UND SAGEN SIE HERRN PUNTIG ER SOLL ...
OH

Durch Auslandsreisen und
Studien bildet sich Wormser weiter.
Dabei kommt ihm zugute, dass er in einer Zeit,
als alle von Kaizen, Gemba, Poka Yoke und Ähnlichem reden,
noch eigene, neue Schlagwörter prägen kann.
Zwar weiß niemand – wie bei den anderen auch –
was sich dahinter verbirgt, aber das ist ja nicht so wichtig.

NEHMEN SIE SICH VOR IHM IN ACHT. ER HAT IN JAPAN HARAKIRI GELERNT!
OH

*Bei so viel Einsatz ist der Fall vorprogrammiert und
die Krise lässt nicht lange auf sich warten.
Ein burn out erfasst Wormser von derartiger Wucht,
dass nur noch eine radikale Wende helfen kann.*

WAS IHNEN FEHLT, IST EIN GRUNDLEGEND NEUES MANAGEMENT-KONZEPT!
OH

Die Lösung heißt **KVP** –
der **K***ontinuierliche* **V***erbesserungs***P***rozess*
ist das Kernstück eines jeden modernen Unternehmens:
lerne und entwickle dich weiter.
Ausgehen muss dies wie immer von der Führung.
Und die muss bei sich selbst beginnen.
Wormser nimmt den Hinweis dankbar auf,
um jede Fehlerquelle zu vermeiden.

SIE DENKEN, DAHER MACHEN SIE FEHLER!
OH

Wormser sieht sich auf dem besten Wege zum Top Manager.
Da läuft eines Tages der dumme Meier durch die Firma und verkündet,
dass Berger durch die Hilfe von Headhuntern
einen der bestbezahltesten Jobs in der Branche erhalten hat.
Ausgerechnet Berger, dieser Idiot,
dem Wormser doch in jeder Hinsicht überlegen ist.

ZU HILFE! BERGER IST VON HEADHUNTERN GEKIDNAPPT WORDEN!
OH

Wormser erkennt, dass er einen Fehler begangen hat.
Er bemüht sich von nun an,
auf alle Listen der Headhunter zu kommen und
wartet täglich auf das Glück bringende Angebot,
das ihn an die Spitze bringen wird.

OH

Ein weiterer herber Schlag trifft Wormser.
Seine steigenden Einkünfte hatten ihm den Kauf eines Hauses
im begehrten Kunz-Viertel erlaubt.
Dabei hatte er mögliche Risiken jedoch nicht mit einkalkuliert.
Zum Glück gewährt ihm die Firma durch den Abschluss
eines Leibeigenenvertrags einen günstigen Kredit.

ABER DAS IST DOCH GANZ EINFACH, LIEBER WORMSER: DA SIE DIE PRÄMIE FÜR IHREN VERBESSERUNGS-VORSCHLAG ANGENOMMEN HABEN, SIND SIE NATÜRLICH AUCH AM VERLUSTRISIKO BETEILIGT!

Doch es kommt ganz anders.
Eines Tages sieht sich Wormser endlich
auch als nützliches Gut des Unternehmers bestätigt.
Er unterstützt seinen Chef bei einem Risiko-Investment.
Stolz, aber auch ein wenig unsicher
sieht Wormser seiner neuen Zukunft entgegen.

ES TUT MIR LEID, HERR WORMSER,
ABER ICH HABE SIE HEUT NACHT
BEIM POKERN AN HINZ & CO
VERLOREN!
OH

Er hat aber kaum Zeit seine neue Umgebung kennen zu lernen.
Hinz & Co verliert beim nächsten Pfingstgolfturnier Wormser
an dessen ehemaligen Chef und so kehrt er an seine altbewährte Arbeitsstelle zurück.
Dort hat inzwischen das Schlagwort „Reengineering" Einzug gehalten und
Wormser bekommt es mit voller Wucht zu spüren.
Die Aussicht auf einen wunderschönen Platz im Organigramm
wird durch Umbaumaßnahmen in der Organisation zerstört.

PECH FÜR SIE,
DAS WÄRE IHRE
ABTEILUNG GEWORDEN!
OH
WB.

Mit den Tücken der modernen Informationstechnologie nicht vertraut,
bleibt Wormser lange vieles verborgen.
Spät erst erkennt er die unglaublichen Potentiale des Internets.

HE, WORMSER, WUSSTEN SIE, DASS ES IM INTERNET EINE EIGENE SEITE MIT EINER LISTE IHRER SCHLIMMSTEN FEHLER GIBT!
OH

Wormsers Versuch,
durch Krankheit eine kleine Ruhepause zu erhalten,
schlägt prompt fehl.
Sofort bemerkt die Firma seinen Trick und
mit Hilfe moderner ergonomischer Erkenntnisse
bietet sie ihm adäquate Arbeitsbedingungen.

DER DOKTOR MEINT, SIE KÖNNTEN SEHR WOHL AM COMPUTER ARBEITEN, WENN SIE NUR WOLLTEN!
OH
OH
WB.

Noch kann Wormser stolz sein auf seine Privilegien:
sein Schreibtisch hat die Maße 90 x 180 (nur der Chef und
Abteilungsleiter Schäffer haben einen größeren!),
sein PC ist der modernste, er hat alle Zugriffsrechte
(bis auf CK 7, aber die haben nur der Chef und Frau Schuh)
und seine Topfpflanze ist die größte im Haus.
Da, eines Tages ...

ES IST JA NICHT FÜR LÄNGE
- NUR BIS SIE KÜNDIGEN!
OH
WB.

Schnell erkennt Wormser,
dass er nicht der einzig Betroffene ist,
dass dies in einem größeren Zusammenhang gesehen werden muss,
dass es ja gar nicht um seine Person geht,
sondern vielmehr die Globalisierung,
der Treibhauseffekt und der Euro schuld an allem sind.
Geschickt bringt ihm die Firma dies nahe.

NEHMEN SIE ES NICHT PERSÖNLICH, HERR WORMSER, WIR FEUERN ALLE, DIE FAUL UND INKOMPETENT SIND!
OH
W.B.

Doch noch einmal kann Wormser
das Unglück von sich abwenden.
Er erweist dem Chef unschätzbare Dienste
in einer heiklen Frauenangelegenheit
und erhält eine Stabsstelle.
Gewissenhaft und mit Akribie widmet er sich
seiner neuen Aufgabe und wird Experte.
Eigenartigerweise benötigt aber niemand seinen Rat.

ABER ICH BIN DOCH DER MOBBING-EXPERTE!
OH

Es mehren sich die Hinweise,
dass er sich mehr anstrengen muss.
Mitarbeiterlebenszyklen werden kürzer,
Wissen veraltet schneller und
Unternehmen müssen Schritt halten.
Wie in der Softwareindustrie erhält Wormser bald
eine neue Version seiner selbst neben sich gestellt.
Zum Glück ist sein Upgrade –
auch dies ist wie in der Softwarewelt –
auch nicht besser als er selbst,
so dass alles beim Alten bleibt.

TAG, HERR WORMSER,
ICH BIN IHR UPGRADE!
OH

Beim nächsten Zielvereinbarungsgespräch
erkennt Wormser den Ernst seiner Situation.
Auch wenn seine Kenntnisse der griechischen Kultur weit zurückliegen,
merkt er schnell, dass sein Chef nichts Gutes im Schilde führt.

VON EINEM STRENG FÜHRUNGSETHISCHEN STANDPUNKT AUS MAG IHRE ENTLASSUNG FRAGWÜRDIG ERSCHEINEN – ABER VOM FÜHRUNGS HEDONISTISCHEN STANDPUNKT AUS IST SIE OPTIMAL!
OH

Wormser entschließt sich deshalb zu handeln.
Handeln heißt „Aktivitäten vorweisen können".
Wormser befiehlt und delegiert,
er weist an und fordert – kurzum, er führt seinen Laden.
Dass vor lauter Aktionismus die ein oder andere Unachtsamkeit passiert,
muss man dabei leider in Kauf nehmen.
Schließlich kostet Schulung Geld und Zeit und
nicht alle Mitarbeiter können auf die Schnelle
auf die neuen Ziele und Taten eingeschworen werden.

UND HERR WORMSER HAT IHNEN AUFGETRAGEN, SEINE DISKETTEN ZU KOPIEREN ?!
OH

Schließlich werden die Aussagen immer deutlicher und
Wormser wird vor die Wahl gestellt.
Soll er seinen Herrn verraten?
Will er wirklich die Ziele des Unternehmens aufs Spiel setzen,
die Ziele, die bisher auch die seinen waren?
Darf sich der Diener überhaupt gegen den Herrn auflehnen?
Die Frage war klar zu beantworten.

WIR KÖNNEN DIE FIRMA WIEDER AUS DER VERLUSTZONE BRINGEN, HERR WORMSER, ABER WIR MÜSSEN OPFER BRINGEN: EINER VON UNS BEIDEN MUSS GEHEN!
OH

An seinem letzten Arbeitstag
tritt das Geschick des Chefs noch einmal zu Tage,
das richtige Wort zur rechten Zeit zu finden.
Einfühlsam weist er auf die tragende Fähigkeit hin,
die nötig ist: Optimismus.

ICH WEISS, WORMSER, ICH WEISS:
IHRE FRAU HAT SIE VERLASSEN, DIE KINDER HASSEN SIE, IHRE ERSPARNISSE HABEN SIE VERSPEKULIERT, IHR HAUS IST ABGEBRANNT, LETZTE WOCHE HABEN SIE IHR AUTO ZU SCHROTT GEFAHREN, UND HEUTE WERDEN SIE ENTLASSEN.
ABER SIE MÜSSEN AUCH DAS POSITIVE SEHEN: WAS KANN IHNEN JETZT NOCH PASSIEREN?
OH
WB.

Und richtig – das Leben geht weiter.
Durch großzügige Fördermittel des Staates, zahlreicher
Fernsehsender und Beratungsfirmen gelingt es Wormser doch noch,
zu seinem persönlichen Glück zu finden.
Er gilt als Prototyp des selbstständigen,
eigenverantwortlichen und erfolgreichen Menschen,
der seine Zukunft tatkräftig in die Hand nimmt.

DAS IST UNSER SOHN WORMSER.
ER IST EXISTENZGRÜNDER!
OH

Managemenglisch-Glossar

Wir haben hier für Sie die wichtigsten Fremdwörter aus dem Text noch einmal erläutert.

case studies: *Fallstudien. Aufgefallene, Umgefallene und Gefallene können immer noch als schlechtes Beispiel fürs Unternehmen genutzt werden.*

job rotation: *Arbeitswechsel. Die Tätigkeit drehen und wenden und wie ein Hendl so lange bruzzeln, bis sie schmeckt.*

comitten: *sich verpflichten. Sich selbst in die Pflicht nehmen und als Verpflichteter die eigene Freiheit gleich dem Unternehmen zur Verfügung stellen.*

change management: *den Wandel beherrschen. Rin in die Kartoffeln, raus aus die Kartoffeln.*

burn out: *ausgebrannt. Viel Alkohol und viel Arbeit bewirken einen großen Durst (Brand). Die nötigen Löscharbeiten können auch die innere Flamme treffen.*

Headhunter: *Kopfjäger. Für die Unterschrift des Opfers erhält der Jäger vom Auftraggeber Geld (weshalb es auch keine Tote gibt).*

Reengineering: *Die Maschine (engine) zerlegen und mit neuen Ingenieuren wieder anders zusammenbauen. Aufpassen, dass kein Schräubchen fehlt!*